D1875300

Hier Aufkleberbogen ablösbar!

In neuer Rechtschreibung
Gedruckt auf chlorfrei gebleichtem Papier

Konzeption: Katrin Neuber
Geschichten: Thomas Schöllhorn
Illustrationen: Manfred Tophoven
Grafik: art-design Wolfrath

ISBN 10: 3-86606-372-5
ISBN 13: 978-3-86606-372-3
Printed in Germany

www.nelson-verlag.de

Leselotse

2. Lesestufe

Thomas Schöllhorn

Abenteuergeschichten

mit Bildern von Manfred Tophoven

Nelson

Leselotse 2. Lesestufe

Inhalt

Goldzahn findet einen Schatz

Seit Wochen segelt Kapitän Goldzahn mit seiner Mannschaft über das Meer. Doch kein Schiff ist in Sicht.
„Hoffentlich machen wir bald Beute“, brummt Goldzahn missmutig.
„Beute machen! Beute machen!“, krächzt Goldzahns Papagei.

„Ja, genau“, antwortet Goldzahn, „sonst kommst du in die Pfanne.“
Plötzlich ruft der Matrose im Ausguck: „Schiff in Sicht!“
Dann sieht auch Goldzahn durch sein Fernrohr das große Schiff.
Es ist voll beladen und verspricht eine fette Beute.
Goldzahns Mannschaft macht sich zum Angriff bereit.

Als sie näher kommen, eröffnet das andere Schiff gleich das Feuer.
Bumm, Krrrach! Eine Kugel hat ein Loch in Goldzahns Schiff geschlagen.
Es fängt sofort an zu sinken.
„Alle Mann von Bord!“, brüllt Goldzahn.
Seine Mannschaft rettet sich auf Holzplanken und Fässer im Wasser.

Goldzahn klettert auf eine Kanone.
„Das könnte gerade reichen“, sagt er mit Blick auf eine Insel in der Nähe.

Dann zündet er die Lunte an.
Als die Kugel aus der Kanone schießt,
fängt Goldzahn sie mit beiden Händen.
In hohem Bogen fliegt er damit
geradewegs auf die kleine Insel.
Bums! Goldzahn ist sicher gelandet.

Sofort erkundet er die Insel.
„Ich habe Hunger wie ein Walfisch“,
grummelt er und läuft los.
Nach wenigen Schritten stolpert er
über einen spitzen Gegenstand.
Er fängt an, im Sand zu buddeln.
„Eine Truhe!“, ruft Goldzahn,
als er lange genug gegraben hat.
Vorsichtig öffnet er ihren Deckel.
Goldzahn traut seinen Augen kaum.

Die Truhe ist randvoll mit Goldtalern!
„Ich habe einen Schatz gefunden“,
jubelt Goldzahn überglücklich.
Noch am gleichen Tag baut er
sich ein Floß aus den Palmen.
Dann lädt er die Schatzkiste darauf.
„Auf nach Hause!“, ruft Goldzahn
und springt auf das Floß.

Nach Tagen auf dem Meer
sichtet Goldzahn endlich Land.
Bald erreicht er seinen Heimathafen.
An der Hafenmauer steht schon
seine Mannschaft und winkt ihm zu.
„Willkommen zurück, Käpt'n!"
Goldzahn freut sich und umarmt alle.
Dann zeigt er ihnen den Schatz.
Goldzahn verkündet feierlich:
„Morgen kaufe ich ein neues Schiff.
Dann gehen wir wieder auf große Fahrt
über das Meer!"
Am nächsten Tag hält Goldzahn Wort.
Er kauft ein neues Schiff und lässt es
mit allen nötigen Vorräten beladen.
„Auf zu neuen Abenteuern!",
ruft Goldzahn seinen Männern zu.
„Hurra!", krächzt sein Papagei.
Dann segeln sie hinaus aufs Meer.

Lakotas größter Fang

Lakota vom Stamm der Amanschen
macht sich auf die Jagd.
Seine Frau Amitola möchte heute
einen Fisch auf dem Feuer braten.
„Bring mir den größten Fisch,
den du finden kannst“, sagt sie.

Dann gibt sie ihm einen Kuss.
Lakota schultert seine Angel und
geht an den Fluss zu seinem Kanu.
„Ihr Fische, aufgepasst, ich komme!“,
ruft er und stößt sich vom Ufer ab.
Gemütlich treibt er auf dem Fluss
und hält seine Angel ins Wasser.

Da! Plötzlich wackelt Lakotas
Angelschnur: Anscheinend hat
ein Fisch angebissen.

Lakota zieht an der Schnur.
„Das muss ein Riesenfisch sein“,
ruft er aufgeregt.

Diesen Fang will er sich sichern.
Doch mittlerweile ist sein Kanu
abgetrieben.
Es steuert direkt auf die gefährlichen
Stromschnellen zu.
Lakota hält sich mit aller Kraft
an der Angel fest und versucht,
den Fisch herauszuziehen.
Endlich: Mit einem letzten Ruck
bekommt er den Fisch in sein Kanu.

Im gleichen Moment bemerkt Lakota,
dass er auf einen Wasserfall zutreibt.
„Oh nein, was soll ich jetzt bloß tun?“,
fragt er sich verzweifelt.

Lakota versucht, ans Ufer zu paddeln.
Doch die Strömung ist stärker.
Der Wasserfall kommt immer näher.
Da hat Lakota die rettende Idee!
Schnell knotet er ein Ende der
Angelschnur an sein Kanu.
Das andere Ende der Schnur
bindet Lakota an einen Pfeil.
Dann zielt er mit dem Pfeil auf einen
Baum am Ufer.

Mit einem „Zisch!“ fliegt der Pfeil los.
„Hoffentlich geht das gut“, denkt er.

Volltreffer! Der Pfeil bohrt sich genau in die Mitte des Baumes. Schnell packt Lakota die Schnur. Er zieht sein Boot vorsichtig ans Ufer. „Da habe ich noch einmal Glück gehabt“, seufzt Lakota erleichtert. Er ruht sich noch kurz aus und macht sich dann auf den Heimweg.

Mit dem riesigen Fisch auf den Schultern kommt Lakota nach Hause. Alle begrüßen ihn ganz aufgeregt. „Wo hast du denn nur diesen riesigen Brummer gefangen?“, fragt ihn Indianerhäuptling Bazoka. Lakota erzählt von seinem Abenteuer.

Alle lauschen gespannt.
„Lakota, mein Held!“, ruft Amitola.
Am Abend zünden sie ein Feuer an
und braten den Fisch darauf.
Er schmeckt allen Indianern köstlich!
Das Festessen dauert bis tief
in die Nacht.
Als die Sterne am Himmel stehen,
schläft Lakota vor dem Feuer ein.
Bestimmt träumt er von seinem
nächsten großen Abenteuer.

Billy und die Banditen

Der Cowboy Billy treibt eine große
Herde Mustangs durch die Prärie.
Seine beiden Freunde Ben und Tom
helfen Billy dabei.
Sie sollen die Pferde in die nächste
Stadt bringen und verkaufen.
Billy, Ben und Tom passen auf,
dass keines der Pferde ausbüxt.
Die drei Cowboys laufen durch
eine felsige Schlucht zum Fluss.
Dort sollen die Pferde trinken.

Plötzlich reiten zwei maskierte Banditen hinter einem Felsen hervor. Sie wollen die Pferde stehlen. „Hüja!“, treibt Billy sein Pferd an. Vielleicht kann er die Banditen stellen. Als die Schurken Billy sehen, ergreifen sie die Flucht. „Stehen bleiben, ihr Pferdediebe!“, ruft Billy und reitet hinterher.

Die beiden Banditen galoppieren
über Kakteen und Felsbrocken.
Sie wollen unbedingt entkommen.

Sie reiten auf eine Schlucht zu.
Mit einem riesigen Satz
erreichen sie die andere Seite.
„Los, Brauner, da müssen wir
auch rüber“, ruft Billy.
Mutig setzt sein Pferd zum Sprung an.
„Hui!“, stöhnt Billy, als sie es gerade
so auf die andere Seite schaffen.

„Lang kann ich dieses Tempo nicht durchhalten“, denkt sich Billy.
Da kommt ihm eine Idee.
Er zieht seinen Revolver und zielt auf einen morschen Ast, der weiter vorne über den Weg ragt.
Dann feuert er die Kugel ab.

Billys Schuss ist ein Volltreffer.
Der Ast kracht genau vor den
Banditen in den Wüstensand.
Die Pferde erschrecken so,
dass sie ihre Reiter abwerfen.
„Ihr zwei kommt jetzt schön mit
zum Sheriff“, sagt Billy streng.
Dann fesselt er sie und führt sie
hinter seinem Pferd her zur Herde.

Ben und Tom begrüßen ihn.
„Du bist ein Teufelskerl“, sagt Tom.
Und Ben fügt hinzu: „Von deinem
Mut können sich alle eine Scheibe
abschneiden.“
Dann setzen sie die gefesselten
Banditen auf ihre Pferde.
„Auf zum Sheriff!“, ruft Billy und
gibt seinem Pferd die Sporen.

Es dauert nicht lange, dann kommen Billy, Ben und Tom in der Stadt an. Dort liefert Billy die Banditen gleich im Büro des Sheriffs ab.
„Das sind die beiden Bankräuber, nach denen wir schon lange suchen“, sagt der Sheriff zu Billy.
Und tatsächlich: In den Satteltaschen entdeckt der Sheriff die Beute: zwei dicke Beutel voll mit Gold.
Er schaut Billy an. „Dafür steht dir eine großzügige Belohnung zu.“
Der Sheriff holt aus einem der Säcke einige Goldstücke hervor.
„Die sind für dich, Billy. Du hast sehr viel Mut bewiesen“, lobt er.
Billy kann sein Glück kaum fassen.
„Das muss gefeiert werden!“, ruft er und läuft zu seinen Freunden hinaus.

Billy und seine Freunde machen sich gleich auf den Weg in den Saloon. „Eine Runde für alle!“, ruft Billy, als er durch die Schwingtür tritt. „Heute seid ihr alle meine Gäste!“ Und dann muss Billy immer wieder von seinem Abenteuer erzählen.

Alle wollen wissen, wie er die
Banditen mit einem Ast gefangen hat.
Bis tief in die Nacht feiern Billy,
Ben und Tom ihren großen Erfolg.
Als der letzte Gast gegangen ist,
gehen die drei zurück zu ihrer Herde.
Am Lagerfeuer wickeln sie sich
in ihre dicken Decken.
Sofort fängt Billy an zu schnarchen.
„Wie ein echter Cowboy!“, flüstert
Ben Tom zu, und beide grinsen.

2. Lesestufe

Leselotse Rätsel

Immer wenn du die Antwort
auf eine Frage weißt, darfst du dich
mit einem Aufkleber belohnen.

Worauf fliegt Kapitän Goldzahn
auf die kleine Insel?

Wie kommt Kapitän Goldzahn zurück
zu seiner Mannschaft?

Was zieht Lakota aus dem Fluss?

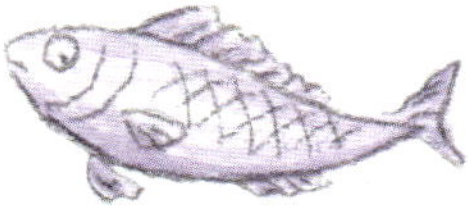

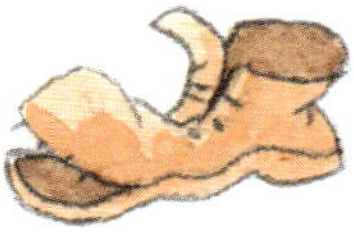

Was bekommt Billy als Belohnung vom Sheriff?

Lösungen: Kanonenkugel, Floß, Fisch, Goldtaler.

Leselotse Reihe

Das komplette Leselotse Programm:

1. Lesestufe für erstes Lesen ab der 1. Klasse

ISBN 3-86606-292-3

ISBN 3-86606-294-X

ISBN 3-86606-293-1

ISBN 3-86606-295-8

ISBN 3-86606-373-3

ISBN 3-86606-371-7

Lesen macht Laune!

2. Lesestufe für geübtes Lesen ab der 2. Klasse

ISBN 3-86606-299-0

ISBN 3-86606-297-4

ISBN 3-86606-296-6

ISBN 3-86606-298-2

ISBN 3-86606-372-5

ISBN 3-86606-370-9

3. Lesestufe für fortgeschrittenes Lesen ab der 3. Klasse

ISBN 3-86606-301-6

ISBN 3-86606-300-8

ISBN 3-86606-303-2

ISBN 3-86606-302-4